Comment devenir Français?

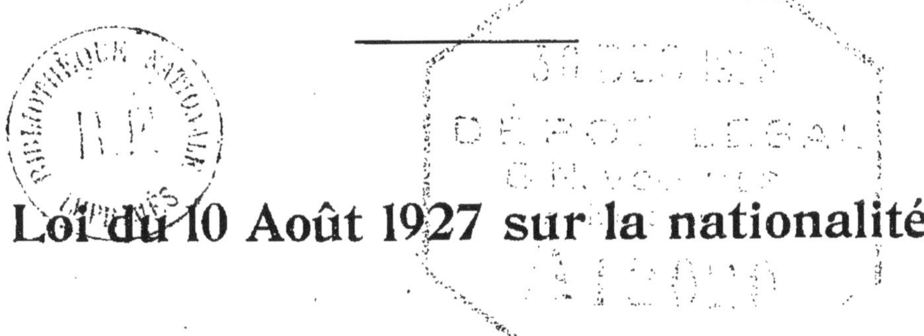

Loi du 10 Août 1927 sur la nationalité

PARIS
SOCIÉTÉ GÉNÉRALE D'IMMIGRATION
35, RUE SAINT-DOMINIQUE

1927

Comment devenir Français?

Loi du 10 Août 1927 sur la nationalité

PARIS
SOCIÉTÉ GÉNÉRALE D'IMMIGRATION
35, RUE SAINT-DOMINIQUE

1927

INTRODUCTION

L'objet de cette brochure est, avant tout, d'indiquer aux étrangers, et plus spécialement aux travailleurs, venus si nombreux en France durant ces dernières années, les conditions, simplifiées par la loi du 10 août 1927, dans lesquelles ils peuvent acquérir la nationalité française.

La présente brochure comporte trois parties distinctes :

La première a trait aux étrangers, qui, pour devenir Français, doivent se faire *naturaliser.*

La deuxième se rapporte aux étrangers qui, pour devenir Français, n'ont pas besoin de se faire naturaliser, mais sont obligés de souscrire une *déclaration,* par laquelle ils réclament la nationalité française.

La troisième concerne des personnes qui sont *françaises de droit* et ne sont, en conséquence, soumises à aucune formalité soit de naturalisation, soit de déclaration. Les personnes qui auraient un doute sur leur nationalité auraient intérêt à consulter tout d'abord cette troisième partie.

On trouvera, enfin, en annexe, le texte intégral de la loi du 10 août 1927, laquelle, ayant réuni et coordonné des dispositions autrefois éparses dans le Code civil, constitue désormais un véritable code de la nationalité.

Remarque. — Dans un but de simplification, nous n'avons pas fait état dans cette brochure des dispositions spéciales prévues par la loi, concernant les enfants nés en France des agents diplomatiques et consuls étrangers.

PREMIERE PARTIE

ÉTRANGERS QUI, POUR DEVENIR FRANÇAIS, DOIVENT SE FAIRE NATURALISER

Qui a besoin de se faire naturaliser ?

D'une manière générale, les étrangers qui veulent acquérir la nationalité française sont obligés de se faire naturaliser. Seuls — *et encore à certaines conditions que nous examinerons dans la deuxième partie* (voir page 14) — sont, en effet, dispensés de cette obligation :

a) Les étrangers nés en France ;

b) Les étrangères épousant un Français ;

c) Les étrangers ayant possédé autrefois la nationalité française ;

d) Les femme et enfants majeurs d'un étranger recouvrant la nationalité française.

Conditions préliminaires pour solliciter sa naturalisation.

La naturalisation n'est pas un droit, *mais une faveur.* Elle est toujours accordée par *décret* rendu après *enquête* sur l'étranger.

Pour solliciter sa naturalisation, il faut :

a) Etre âgé d'au moins 18 ans ;

b) Avoir résidé en France d'une façon ininterrompue pendant un délai de 3 ans.

Le séjour en pays étranger pour l'exercice d'une fonction conférée par le gouvernement français, ou le séjour dans un pays en union douanière avec la France (Territoire de la Sarre et Principauté de Monaco) est assimilé à la résidence en France.

Exceptions.

I. Peuvent demander leur naturalisation *après seulement un an de résidence en France* les étrangers, âgés d'au moins 18 ans, dont la naturalisation apparaîtrait comme particulièrement désirable. Pour bénéficier de cette réduction les étrangers doivent, aux termes de la loi, satisfaire à une des conditions ci-dessous :

1° Avoir rendu des services importants à la France ;

2° Y avoir apporté des talents distingués ;

3° Y avoir introduit soit une industrie, soit des inventions utiles ;

4° Y avoir créé soit des établissements industriels ou autres, soit *des exploitations agricoles* ;

5° Avoir servi dans les armées françaises ou alliées ;

6° Avoir acquis des diplômes délivrés par les facultés françaises ;

7° *Avoir épousé une personne de nationalité française* ;

8° Etre né en France et y avoir établi son domicile à une date postérieure à sa majorité.

II. Peuvent demander leur naturalisation à *tout âge et quel que soit le délai pendant lequel ils ont résidé en France* les individus, domiciliés en France, qui sont nés à l'étranger d'un Français ou d'une Française dont, en vertu de la loi, ils n'ont pas suivi la nationalité, ou bien qui sont nés en France ou à l'étranger de parents dont l'un a perdu la qualité de Français.

(Il en est de même des descendants des familles françaises, proscrites lors de la révocation de l'Édit de Nantes).

III. Peuvent demander leur naturalisation, *quel que soit le délai pendant lequel ils ont résidé en France*, la femme d'un étranger qui acquiert postérieurement au mariage la nationalité française, ainsi que les enfants de cet étranger dans le cas où l'acquisition par le père de la nationalité française ne leur a pas déjà conféré automatiquement cette nationalité.

Nous verrons d'ailleurs cette question plus en détails au moment où nous étudierons, à la fin de ce chapitre, les « Effets de la naturalisation d'un étranger sur les membres de sa famille ». (page 10).

Formalités a remplir pour se faire naturaliser.

L'étranger qui veut obtenir la naturalisation doit adresser au Ministre de la Justice une *demande* rédigée sur papier timbré à 3 fr. 60.

Lorsque l'intéressé est âgé de moins de 21 ans, sa requête doit être contresignée par le parent investi de la puissance paternelle. En cas de décès de ses père et mère ou d'impossibilité matérielle ou légale de produire leur consentement, l'intéressé doit produire l'avis de son conseil de famille.

Cette demande est déposée, soit à la Préfecture du département où le demandeur réside, soit, en cas de résidence de celui-ci à Paris ou dans le département de la Seine, à la Préfecture de Police.

(On trouvera plus loin, page 12, le modèle de la demande à établir.)

L'intéressé doit joindre à sa demande un certain nombre de pièces établissant qu'il est bien dans les conditions requises pour se faire naturaliser.

Nous donnons ci-après la liste des pièces réclamées actuellement par le Ministère de la Justice, en signalant toutefois que l'absence de l'une ou de plusieurs de ces pièces ne doit, en aucun cas, empêcher l'intéressé de présenter sa demande. Le Ministère de la Justice peut, en effet, se contenter des pièces qui sont produites, notamment si elles établissent, d'une façon suffisante, l'origine et l'état civil du demandeur, ou bien, dans le cas où les pièces jointes à la demande ne donneraient pas des renseignements suffisants, réclamer ultérieurement telles pièces qu'il jugerait utile de se faire présenter.

Liste des pièces a joindre a la demande.

1° Acte de naissance du postulant, original et traduction ; à défaut, produire un *acte de notoriété* passé devant le Juge de Paix en présence de trois témoins français (1) ;

2° *Si possible*, l'acte de naissance ou de mariage du père du postulant. (A défaut, acte de notoriété comme ci-dessus) ;

3° Carte d'identité d'étranger ou récépissé de déclaration d'étranger. (L'employé de la Préfecture en prend le numéro et rend la pièce à l'intéressé) ;

(1) Un acte de baptême pourra être considéré, le cas échéant, comme présentant de telles garanties d'authenticité qu'on sera dispensé d'établir un acte de notoriété.

4° Justification des services militaires ou certificat d'exemption ;

5° Acte de mariage (original et traduction) ou livret de famille ;

6° Acte de naissance des enfants mineurs (original et traduction) ;

7° Justification d'une résidence non interrompue en France pendant les trois dernières années (pièces officielles ou ayant date certaine : baux, quittances de loyer, patentes, feuilles de contributions, livrets d'ouvriers, certificats légalisés de patrons, de propriétaires ou de gérants, cartes d'étudiants, reçus de droits universitaires, etc...). Les certificats de concierges et ceux délivrés avec l'assistance de témoins ne sont pas admis ;

8° Un bordereau de situation, délivré par le percepteur des Contributions, certifiant que l'intéressé a bien acquitté tous ses impôts.

Nota. — Pour les actes d'état-civil français, s'adresser à la mairie qui en délivre une expédition sur papier timbré. Quant à ceux provenant d'un pays étranger, ils devront être timbrés au bureau d'enregistrement et, en outre, traduits en français, les traductions étant faites en France par un traducteur juré — ou tout au moins visées par lui.

Montant des droits de chancellerie.

Après une enquête effectuée par le Préfet, le dossier contenant la demande et les pièces jointes, est transmis à la Chancellerie (Ministère de la Justice) avec l'avis du Préfet sur la suite que la requête lui paraît comporter ainsi que sur le montant des droits de chancellerie qu'il conviendrait de laisser à la charge de l'intéressé.

La naturalisation n'est pas, en effet, gratuite. Elle comporte de la part de l'intéressé le versement d'une certaine somme qui constitue ce qu'on appelle les droits de chancellerie ou droits de sceau.

Le montant de ces droits s'élève actuellement à 1.300 francs par personne.

Le Ministère de la Justice n'exige, toutefois, le paiement de la totalité de ces droits que des étrangers qui sont en mesure de les payer ; pour les autres il concède des réductions progressives, compte tenu de leur situation pécuniaire. Dans le cas de grandes charges de famille les droits peuvent être abaissés jusqu'à 88 francs. Enfin, dans des cas exceptionnels, l'exonération totale est parfois accordée, notamment si l'intéressé présente un certificat d'indigence.

Payement des droits de chancellerie.

L'intéressé n'a pas à payer les droits de chancellerie au moment où il transmet sa demande à la Préfecture. Il doit attendre que le Ministère de la Justice lui indique par écrit la somme qu'il doit verser.

Pour acquitter cette somme, l'étranger a un délai de trois mois, à compter de la date d'envoi de la lettre du Ministère. S'il ne paye pas dans ces trois mois la somme exigée, sa demande de naturalisation est annulée, à moins qu'avant l'expiration de ce délai de trois mois, il n'ait avisé le Ministère de la Justice de son impossibilité d'acquitter la totalité de la somme exigée. Le délai se trouve alors suspendu.

(On trouvera page 13 le modèle de la lettre qu'il convient d'adresser au Ministre de la Justice pour demander une réduction des droits de chancellerie.)

L'intéressé ayant acquitté en totalité ou en partie (selon la réponse définitive de l'Administration) les droits de chancellerie, n'a plus qu'à attendre que le décret de naturalisation le concernant paraisse au *Journal Officiel.*

Il est français dès la parution de ce décret.

DROITS QUE CONFÈRE LA NATURALISATION.

L'étranger naturalisé acquiert la qualité de Français, avec tous les droits attachés à cette qualité. Néanmoins, il ne peut être invest de fonctions ou mandats électifs que dix ans après le décret de naturalisation, à moins qu'il n'ait accompli les obligations militaires du service actif dans l'armée française ou que, pour des motifs exceptionnels, ce délai n'ait été abrégé par décret rendu sur rapport motivé du garde des sceaux.

EFFETS DE LA NATURALISATION D'UN ÉTRANGER SUR LES MEMBRES DE SA FAMILLE.

a) A l'égard de la femme et des enfants majeurs.

La femme majeure ou mineure, mariée à un étranger qui acquiert, postérieurement au mariage, la nationalité française, et les enfants majeurs de cet étranger, ne deviennent pas automatiquement français du fait de la naturalisation de leur mari ou père. Pour devenir français, ils sont obligés de se faire naturaliser, mais il n'est pas nécessaire, pour cela, qu'ils aient résidé en France pendant un certain délai.

Pour ce qui est de la femme, notons que, dans la pratique, sa requête figure le plus souvent au bas de la demande de son mari (voir modèle page 12).

b) A l'égard des enfants mineurs (légitimes, légitimés ou naturels) *non mariés.*

Les enfant mineurs légitimes ou légitimés non mariés d'un père qui se fait naturaliser français deviennent automatiquement français. Dans le cas où, le père étant mort sans s'être fait naturaliser, la mère se fait naturaliser, les enfants mineurs, ici encore, deviennent automatiquement français.

Les enfants naturels mineurs non mariés d'un étranger qui se fait naturaliser français deviennent français, si le parent qui s'est fait naturaliser est celui dont ils doivent suivre la nationalité aux termes de la loi.

(Nous indiquons, dans la deuxième partie de cette brochure, quels sont les cas où l'enfant naturel suit soit la nationalité de son père, soit celle de sa mère.)

Pour que les enfants mineurs, non mariés, d'un étranger puissent bénéficier des dispositions ci-dessus, il est nécessaire qu'ils n'aient pas fait l'objet d'un arrêté d'expulsion dont les effets n'ont pas été suspendus. De même, les enfants qui serviraient ou auraient servi dans les armées de leur pays d'origine ne deviendraient pas automatiquement français, mais auraient, par contre, la faculté de solliciter la naturalisation française après l'âge de 18 ans, sans avoir eu besoin de résider pendant un certain délai sur le territoire français.

c) A l'égard des enfants mineurs mariés.

Les enfants mineurs mariés ne deviennent pas automatiquement français, mais ont la faculté de solliciter la naturalisation française après l'âge de 18 ans, sans avoir eu besoin de résider pendant un certain délai sur le territoire français.

MODELE DE LA DEMANDE

(A ÉTABLIR SUR UNE FEUILLE DE PAPIER TIMBRÉ A 3 fr. 60)

(lieu et date)

MONSIEUR LE MINISTRE DE LA JUSTICE,

J'ai l'honneur de solliciter de votre haute bienveillance la faveur de la naturalisation française.

Je me nomme (nom et prénoms), je suis né à (pays), le (date).

J'habite en France depuis .... années sans interruption.

J'exerce la profession de .... et mon domicile est (adresse).

Je suis marié à (nom et prénoms de la femme), née à (pays), le (date).

J'ai ..... enfants.

Je déclare n'avoir jamais été condamné (l'intéressé peut mettre cette phrase, même s'il a fait l'objet de contraventions).

Mettre l'une de ces deux phrases :	Je m'engage à payer les droits de sceau en totalité ; Je m'engage à payer les droits de sceau jusqu'à concurrence de la somme de (indiquer la somme que l'on peut payer) et je demande à être exonéré du surplus en raison de la modicité de mes ressources.

Veuillez agréer, Monsieur le Ministre, l'assurance de ma très haute considération.

Signature du mari :

Je me joins à mon mari et sollicite aussi la Naturalisation française.

Signature de la femme :

MODELE DE LETTRE A ADRESSER AU MINISTERE DE LA JUSTICE

QUAND L'INTÉRESSÉ NE PEUT PAS ACQUITTER LES DROITS DE CHANCELLERIE QUI LUI SONT RÉCLAMÉS

(A rédiger sur papier libre.)

Paris, le ......

MONSIEUR LE MINISTRE DE LA JUSTICE,

Par lettre en date du .... j'ai été invité par M. (1) Référendaire au Sceau de France, à payer une somme de (2) pour les frais de chancellerie, afférents à ma naturalisation. Dossier n° (3).

Ma situation ne me permettant pas d'acquitter cette somme, j'ai l'honneur de solliciter de votre haute bienveillance une réduction aussi forte que possible sur le chiffre précité. Je vous serais très reconnaissant de bien vouloir faire droit à ma demande, et dans cette attente,

Je vous prie d'agréer, Monsieur le Ministre, l'assurance de ma très haute considération.

Signature et adresse bien lisibles

(1) Nom du Référendaire.
(2) Chiffre de la somme demandée.
(3) N° du dossier au Ministère de la Justice.

DEUXIEME PARTIE

ÉTRANGERS QUI, POUR DEVENIR FRANÇAIS, ONT A SOUSCRIRE UNE SIMPLE DÉCLARATION

Au début de cette brochure, nous avons vu que l'étranger, qui désire acquérir la nationalité française, est généralement obligé de se faire naturaliser. Nous avons indiqué cependant qu'il existe quatre catégories d'étrangers qui sont dispensés de cette obligation, s'ils réalisent, par ailleurs, certaines conditions. Ce sont :

a) *Première catégorie : Etrangers nés en France.*

L'individu né en France d'un étranger n'est pas nécessairement français (nous verrons dans la 3e partie, page 17, dans quels cas il est français), mais il peut le devenir sans avoir à se faire naturaliser, *en réclamant simplement la nationalité française :*

A) S'il a moins de 21 ans ;

B) S'il est domicilié en France.

La déclaration que doit souscrire l'intéressé ne lui confère la nationalité française que si elle a été enregistrée au Ministère de la Justice. L'enregistrement peut être refusé pour cause d'indignité.

Les articles 3 et 5 de la loi du 10 août 1927, dont on trouvera le texte à la fin de cette brochure, précisent au surplus la marche à suivre pour acquérir, dans le cas envisagé, la nationalité française.

b) *Deuxième catégorie : Etrangère épousant un Français.*

Aux termes de l'art. 8 de la loi, la femme étrangère qui épouse un Français n'acquiert pas nécessairement la qualité de Française. Elle ne l'acquiert, en effet, de plein droit que si, en conformité des dispositions de sa loi nationale, elle suit obligatoirement la condition de son mari. Dans le cas contraire, elle est dispensée de la naturalisation, mais pour acquérir la qualité de Française, *elle doit en faire la demande formelle.*

Nous indiquons ci-après dans quelles conditions cette demande doit être établie, mais en nous limitant au cas où le mariage est célébré en France :

L'intéressée doit, avant la célébration du mariage, souscrire devant l'officier d'état-civil une déclaration en double exemplaire, par laquelle elle manifeste son intention d'acquérir la nationalité française. Elle joint à cette déclaration, sauf dispense accordée par le Procureur de la République, un certificat de coutume (délivré généralement par le Consulat de son pays d'origine) qui précise au regard de sa loi nationale les effets du mariage contracté avec un étranger sur la nationalité de la femme.

c) *Troisième catégorie : Etrangers ayant déjà possédé la nationalité française.*

L'individu qui a perdu sa qualité de Français peut la recouvrer *à tout âge par décret,* pourvu qu'il réside en France (voir art. 11 de la loi du 10 août 1927).

D'autre part, la Française qui aura épousé un étranger antérieurement à la mise en vigueur de la loi du 10 août 1927 pourra recouvrer la nationalité française *par une simple déclaration devant le juge de paix de sa résidence,* si elle réalise par ailleurs les conditions déterminées par l'art. 14 de la loi précitée. Dans le cas où ces conditions ne seraient pas réalisées, elle ne pourrait recouvrer la nationalité française que *par décret* et selon les dispositions de l'art. 11 de la même loi.

d) *Quatrième catégorie : Femme et enfants majeurs d'un étranger recouvrant la nationalité française.*

La femme et les enfants majeurs d'un étranger recouvrant la nationalité française peuvent devenir Français en *présentant une simple demande.*

TROISIEME PARTIE

PERSONNES QUI SONT FRANÇAISES DE DROIT ET NE SONT EN CONSÉQUENCE SOUMISES NI AUX FORMALITÉS DE NATURALISATION, NI A L'OBLIGATION D'UNE DÉCLARATION.

Nous avons vu dans la première et la seconde partie de cette brochure que les étrangers pouvaient devenir français en se faisant naturaliser ou, pour certains d'entre eux, en réclamant simplement la nationalité française.

Nous examinerons maintenant quels sont les individus auxquels la loi française confère automatiquement la nationalité française, c'est-à-dire sans qu'ils aient à accomplir aucune formalité.

Nous ferons d'abord l'énumération des personnes qui sont françaises à titre originaire, en examinant successivement le cas de l'enfant légitime, légitimé, naturel et né de parents inconnus.

Puis nous verrons dans quels cas exceptionnels les individus que cette énumération laisse étrangers deviennent cependant automatiquement français, si certaines conditions se trouvent réalisées en ce qui les concerne.

A. PERSONNES QUI SONT FRANÇAISES A TITRE ORIGINAIRE.

ENFANTS LÉGITIMES

Le père et la mère sont français.	L'enfant est français, qu'il soit né en France ou à l'étranger.	
Le père est français. la mère est étrangère.	L'enfant est français, qu'il soit né en France ou à l'étranger.	
Le père est étranger, la mère est française.	L'enfant est français, s'il est né en France.	
Le père et la mère sont étrangers. Deux cas :	1° Le père est né en France ; la mère est née à l'étranger :	L'enfant est français, s'il est né en France.
	2° La mère est née en France ; le père est né à l'étranger :	L'enfant est français s'il est né en France (sauf faculté de répudier la nationalité française dans l'année qui suit sa majorité.)

ENFANTS LÉGITIMÉS

L'enfant légitimé pendant sa minorité devient français, si le père est français.

ENFANTS NATURELS

Les règles ci-dessous s'appliquent, que la filiation résulte d'un acte de reconnaissance ou d'un jugement Toutefois, elles ne sont valables que si cet acte ou ce jugement prennent effet durant *la minorité de l'enfant.*

Trois cas sont à envisager :

Premier cas :

L'enfant est reconnu seulement par un de ses parents.

Si ce dernier est français, l'enfant devient français, qu'il soit né en France ou à l'étranger.

Si le parent en question est étranger, mais né en France, l'enfant est français, à condition qu'il soit, lui-même, né en France.

Deuxième cas :

L'enfant est reconnu successivement par ses deux parents.

Si le parent qui l'a reconnu le premier est français, l'enfant est français, qu'il soit né en France ou à l'étranger.

Si l'enfant a été reconnu d'abord par son parent étranger, puis par son parent français, il sera également français, mais à condition qu'il soit né en France.

Si le parent qui l'a reconnu le premier est étranger, mais est né en France, l'enfant est français, à condition qu'il soit, lui-même, né en France.

Si, enfin, l'enfant a été reconnu d'abord par un parent étranger, né hors de France, puis par son parent étranger, né en France, l'enfant est également français, à condition qu'il soit né en France. Toutefois, dans ce cas, il pourra répudier la nationalité française dans l'année qui suivra sa majorité.

TROISIÈME CAS :

L'enfant est reconnu en même temps (dans un seul et même acte) *par ses deux parents.*

1° *Le père est français : l'enfant est français.*

2° *Le père est étranger* : La loi ne prévoit pas, d'une façon précise, quelle est, dans ce cas, la nationalité de l'enfant.

D'après le texte de l'article 1, on pourrait croire que l'enfant est nécessairement étranger si le père est étranger. Nous ne pensons pas cependant qu'il faille ainsi interpréter le texte de la loi, car on arriverait alors à cette conclusion, pour le moins surprenante, qu'un enfant naturel qui serait, par exemple, reconnu *d'abord par son père étranger, puis par sa mère française*, deviendrait français, alors qu'il deviendrait étranger, s'il était reconnu simultanément par ses père et mère.

ENFANTS NÉS DE PARENTS INCONNUS

L'enfant *né en France* de parents inconnus ou de nationalité inconnue est *français*.

B. PERSONNES QUI NE SONT PAS FRANÇAISES A TITRE ORIGINAIRE MAIS QUI DEVIENNENT AUTOMATIQUEMENT FRANÇAISES, SI CERTAINES CONDITIONS SE TROUVENT RÉALISÉES.

PREMIER CAS :

Tout étranger *devient français* à l'âge de 21 ans :

a) S'il est né en France ;

b) S'il y est domicilié.

(Toutefois, il peut, dans l'année qui suit sa majorité, répudier la qualité de français.)

Cette disposition n'est pas applicable aux individus contre lesquels a été pris un arrêté d'expulsion dont les effets n'ont pas été suspendus.

Deuxième cas.

Tout étranger âgé de moins de 21 ans *devient français* :

a) S'il est né en France ;

b) S'il se fait inscrire sur les listes de recrutement.

(L'inscription peut être refusée par le Préfet pour cause d'indignité).

Troisième cas.

L'enfant mineur légitime ou légitimé non marié d'un père (ou d'une mère survivant) qui acquiert ou recouvre la nationalité française *devient français,* de même que l'enfant naturel mineur non marié, quand le parent qui acquiert la nationalité française est celui qui l'a reconnu en premier lieu ou à l'égard duquel la preuve de la filiation a été faite par un premier jugement.

Ces dispositions ne sont toutefois pas applicables :

1° Aux individus qui, âgés de moins de 21 ans, auraient fait l'objet d'un arrêté d'expulsion dont les effets n'auraient pas été suspendus ;

2° Aux individus qui serviraient ou auraient servi dans les armées de leur pays d'origine ; cependant, ces derniers ont, nous l'avons vu page 11, la faculté de solliciter la nationalité française sans condition de stage, après l'âge de 18 ans.

QUATRIÈME CAS.

La femme étrangère qui épouse un Français *devient française* si, en conformité des dispositions de sa loi nationale, elle suit nécessairement la condition de son mari.

ANNEXE

LOI SUR LA NATIONALITÉ

Le Sénat et la Chambre des députés ont adopté,

Le Président de la République promulgue la loi dont la teneur suit :

Article premier. — Sont Français :

1° *Tout enfant légitime né d'un Français en France ou à l'étranger ;*

2° *Tout enfant légitime né en France d'un père qui y est lui-même né ;*

3° *Tout enfant légitime né en France d'une mère française ;*

4° *Tout enfant naturel dont la filiation est établie, pendant la minorité, par reconnaissance ou par jugement, lorsque celui des parents à l'égard duquel la preuve a d'abord été faite est Français ;*

Si la filiation résulte à l'égard du père et de la mère du même acte ou du même jugement, l'enfant suit la nationalité française de son père.

La légitimation d'un enfant mineur lui donne, s'il ne l'a déjà, la nationalité française de son père ;

5° *Tout enfant naturel, né en France, lorsque celui de ses père et mère, dont il devrait suivre la nationalité, aux termes du paragraphe 4, premier alinéa, est lui-même né en France ;*

6° *Tout enfant naturel, né en France, lorsque celui de ses parents dont il ne doit pas suivre la nationalité, aux termes de la disposition précitée, est Français ;*

7° *Tout individu, né en France, de parents inconnus ou dont la nationalité est inconnue.*

Art. 2. — Sont Français, sauf la faculté de répudier cette qualité dans l'année qui suivra leur majorité, telle qu'elle est réglée par la loi française :

1° *Tout enfant légitime né en France d'une mère étrangère qui y est elle-même née;*

2° *Tout enfant naturel né en France de parents étrangers, lorsque celui dont il ne devrait pas suivre la nationalité, aux termes de l'article* 1er, *est lui-même né en France.*

Pour être admis à répudier la qualité de Français, l'intéressé devra prouver, par une attestation en due forme de son gouvernement, annexée à sa déclaration, qu'il a conservé la nationalité de ses parents; le cas échéant, il devra produire, en outre, un certificat constatant qu'il a satisfait à la loi militaire dans son pays, sauf les exceptions prévues aux traités.

La faculté de répudiation cesse:

a) *Si, au cours de la minorité de l'enfant, le père ou la mère survivant de l'enfant légitime, le parent survivant de l'enfant naturel ou le parent dont ce dernier suit la nationalité, ont été naturalisés ou réintégrés;*

b) *Si une déclaration a été souscrite, suivant les formes prévues à l'article* 5, *en vue de renoncer à cette faculté, soit par le mineur âgé de plus de seize ans, habilité dans les conditions déterminées à l'article* 3, *alinéa* 2, *soit en son nom avant cet âge;*

c) *Si le mineur a participé volontairement aux opérations du recrutement, en conformité des dispositions des lois militaires.*

Ces dispositions ne sont pas applicables aux enfants nés en France des agents diplomatiques et des consuls de carrière de nationalité étrangère, qui, s'ils y sont domiciliés, auront la faculté, à partir de l'âge de seize ans, jusqu'à l'âge de vingt-deux ans accomplis, de réclamer la qualité de Français aux conditions fixées par l'article 3.

Art. 3. — *Peut, jusqu'à l'âge de vingt et un ans accomplis, devenir Français, tout individu né en France d'un étranger et domicilié en France, qui déclarera réclamer la qualité de Français.*

S'il est âgé de plus de seize ans, le déclarant doit être autorisé par le parent, investi de la puissance paternelle ou, le cas échéant, par son tuteur, après avis conforme du conseil de famille. S'il est âgé de moins de seize ans, la déclaration peut être souscrite en son nom par son représentant légal, déterminé comme ci-dessus.

L'enregistrement de la déclaration, souscrite confor mément à l'article 5 *ci-après, peut être refusé pour-cause d'indignité. En ce cas, il est statué par décret, rendu sur avis conforme du Conseil d'Etat. Le déclarant dûment appelé à la faculté de produire des pièces et mémoires. La décision doit intervenir six mois au plus après la déclaration, ou, si la régularité de celle-ci a été contestée, six mois au plus après le jour où le jugement, qui en a admis la régularité, est devenu définitif.*

La participation volontaire aux opérations du recrutement, dans les conditions déterminées par les lois militaires pour les fils d'étrangers nés en France et, sous réserve de l'habilitation prévue à l'alinéa 2, *tient lieu de la déclaration visée à l'alinéa* 1er. *L'inscription sur les listes de recensement peut être refusée par le préfet, pour cause d'indignité, sur avis conforme émis par le conseil d'Etat.*

Les dispositions du présent article ne sont pas applicables à l'individu contre lequel a été pris un arrêté d'expulsion, dont les effets n'ont pas été suspendus.

Art. 4. *— Devient Français, à l'âge de vingt et un ans, s'il est domicilié en France, tout individu né en France d'un étranger, à moins que, dans l'année qui suit sa majorité, il n'ait décliné la qualité de Français en se conformant aux prescriptions de l'article* 2.

Cette disposition n'est pas applicable :

a) *Aux enfants nés en France des agents diplomatiques et des consuls de carrière de nationalité étrangère qui auront la faculté de réclamer la qualité de Français aux conditions fixées à l'article* 3 *;*

b) *A l'individu contre lequel a été pris un arrêté d'expulsion dont les effets n'ont pas été suspendus.*

Art. 5. *— Toute déclaration souscrite, soit en vue d'acquérir, soit en vue de répudier la qualité de Français, est reçue par le juge de paix du canton dans lequel le déclarant a son domicile ou, à défaut, sa résidence. En cas de résidence à l'étranger, elle est souscrite devant les agents diplomatiques et consulaires.*

A défaut d'être enregistrée au ministère de la justice, la déclaration sera considérée comme non avenue.

Elle doit, après enregistrement, être insérée au « Bulletin des lois ». Néanmoins, l'omission de cette formalité ne peut préjudicier aux droits du déclarant.

L'enregistrement est refusé si le déclarant n'est pas dans les conditions requises par la loi. Ce refus et ses motifs sont, dans le délai de trois mois à partir de la déclaration, notifiés au déclarant, qui a droit de se pourvoir devant les tribunaux civils, conformément aux articles 855 *et suivants du code de procédure civile.*

A défaut de cette notification, et lorsque le délai ci-dessus sera expiré, le ministre de la justice doit, à moins qu'il ne conteste la déclaration, pour cause d'indignité, remettre au déclarant, sur sa demande, une copie de sa déclaration, avec mention d'enregistrement.

La déclaration, dûment enregistrée, prend effet à partir du jour où elle a été souscrite.

Art. 6. — *Acquièrent la qualité de Français les étrangers naturalisés.*

La naturalisation est accordée par décret rendu après enquête sur l'étranger.

Peuvent être naturalisés, sous réserve d'autorisation expresse du mineur par son représentant légal, dans les termes de l'article 3, *alinéa* 2 *:*

1° *Les étrangers, âgés de dix-huit ans révolus, qui peuvent justifier d'une résidence non interrompue pendant trois années en France.*

Est assimilé à la résidence en France, le séjour en pays étranger pour l'exercice d'une fonction conférée par le Gouvernement français, ou le séjour dans un pays en union douanière avec la France ;

2° *Les étrangers, âgés de* 18 *ans révolus, après une année de résidence ininterrompue en France ou dans les conditions d'assimilation ci-dessus déterminées, s'ils ont rendu des services importants à la France, s'ils y ont apporté des talents distingués, s'ils y ont introduit soit une industrie, soit des inventions utiles, s'ils y ont créé soit des établissements industriels ou autres, soit des exploitations agricoles, s'ils ont servi dans les armées françaises ou alliées, s'ils ont acquis des di-*

plômes délivrés par les facultés françaises, s'ils ont épousé une personne de nationalité française ou si, nés en France, ils y ont établi leur domicile à une date postérieure à leur majorité;

3° *Tout individu né à l'étranger, soit d'un Français dont, en conformité des dispositions de l'article* 1er, *paragraphe* 4, *alinéa* 1er, *il ne suit pas la nationalité, soit d'une Française, ou né en France ou à l'étranger de parents dont l'un a perdu la qualité de Français, et ce à tout âge et sans condition de stage, pourvu qu'il soit domicilié en France. Il en est de même des descendants des familles proscrites lors de la révocation de l'Edit de Nantes.*

Dans les cas prévus au présent paragraphe, si la demande de naturalisation concerne un mineur, elle est faite par son représentant légal tel qu'il est déterminé dans l'art. 3, *alinéa* 2, *s'il est âgé de moins de* 16 *ans, ou, avec son autorisation, par l'intéressé lui-même s'il est âgé de plus de* 16 *ans.*

L'étranger naturalisé jouit de tous les droits civils et politiques attachés à la qualité de citoyen français. Néanmoins, il ne peut être investi de fonctions ou mandats électifs que dix ans après le décret de naturalisation, à moins qu'il n'ait accompli les obligations militaires du service actif dans l'armée française ou que, pour des motifs exceptionnels, ce délai n'ait été abrégé par décret rendu sur rapport motivé du garde des sceaux.

Art. 7. — *Peuvent obtenir la naturalisation sans condition de stage: la femme majeure ou mineure, mariée à un étranger qui acquiert postérieurement au mariage la nationalité française, et les enfants majeurs de cet étranger.*

Deviennent Français les enfants mineurs légitimes ou légitimés non mariés, d'un père ou d'une mère survivant qui se fait naturaliser Français ou acquiert la nationalité française par application des articles 3 *et* 4.

Deviennent Français les enfants naturels mineurs, non mariés, quand le parent qui se fait naturaliser Français ou acquiert la nationalité française, conformément aux dispositions des articles visés à l'alinéa précédent, est celui dont ils devraient, aux termes de l'article 1er, paragraphe 4, premier alinéa, suivre la nationalité.

Les dispositions des deux précédents alinéas ne sont pas applicables: 1° aux individus qui, âgés de moins de 21 ans, auraient fait l'objet d'un arrêté d'expulsion dont les effets n'ont pas été suspendus; 2° à ceux qui serviraient ou auraient servi dans les armées de leur pays d'origine; toutefois ces derniers ont la faculté de solliciter la naturalisation française sans condition de stage, après l'âge de dix-huit ans.

Les enfants mineurs mariés ont la faculté de solliciter la naturalisation française sans condition de stage, après l'âge de dix-huit ans.

Art. 8. — La femme étrangère qui épouse un Français n'acquiert la qualité de Française que sur sa demande expresse ou si, en conformité des dispositions de sa loi nationale, elle suit nécessairement la condition de son mari.

La femme française, qui épouse un étranger, conserve la nationalité française à moins qu'elle ne déclare expressément vouloir acquérir, en conformité des dispositions de la loi nationale du mari, la nationalité de ce dernier.

Elle perd la qualité de Française si les époux fixent leur premier domicile hors de France après la célébration du mariage, et si la femme acquiert nécessairement la nationalité du mari, en vertu de la loi nationale de ce dernier.

Art. 9. — Perdent la qualité de Français:

1° Le Français naturalisé à l'étranger ou celui qui acquiert, sur sa demande, une nationalité étrangère par l'effet de la loi, après l'âge de 21 ans.

Toutefois, jusqu'à l'expiration d'un délai de dix ans, à partir, soit de l'incorporation dans l'armée active soit de l'inscription sur les tableaux de recensement en cas de dispense du service actif, l'acquisition de la nationalité étrangère ne fait perdre la qualité de Français que si elle a été autorisée par le Gouvernement français;

2° *Le Français qui a répudié la nationalité française dans le cas prévu à l'article* 2 ;

3° *Le Français, même mineur, qui, possédant par l'effet de la loi, sans manifestation de volonté de sa part, une nationalité étrangère, est autorisé, sur sa demande, par le Gouvernement français, à la conserver ;*

4° *Le Français qui, remplissant à l'étranger un emploi dans un service public, le conserve, nonobstant l'injonction de le résigner dans un délai déterminé, qui lui aura été faite par le Gouvernement français.*

Cette mesure ne pourra être étendue à la femme et aux enfants mineurs que par décision des tribunaux civils rendue dans les formes prévues à l'article 10 ;

5° *Le Français qui, ayant acquis, sur sa demande, ou celle de ses représentants légaux, la nationalité française, est déclaré déchu de cette nationalité par jugement.*

Cette déchéance peut être encourue :

a) *Pour avoir accompli des actes contraires à la sûreté intérieure et extérieure de l'Etat français ;*

b) *Pour s'être livré, au profit d'un pays étranger, à des actes incompatibles avec la qualité de citoyen français et contraires aux intérêts de la France ;*

c) *Pour s'être soustrait aux obligations résultant pour lui des lois de recrutement.*

Art. 10. — *L'action en déchéance doit être exercée dans un délai de dix ans à partir de l'acquisition de la qualité de Français, délai qui court seulement à dater de la promulgation de la présente loi, si l'acquisition de cette qualité est antérieure à sa mise en vigueur.*

Pour les personnes qui ont acquis la nationalité française antérieurement à la mise en vigueur de la présente loi, la déchéance ne pourra être encourue que pour des faits postérieurs à cette mise en vigueur.

L'action est intentée, sur la demande du ministre de la justice, par le ministère public, devant le tribunal civil du domicile, ou, à son défaut, de la résidence de l'intéressé.

Lorsque son domicile et sa résidence sont inconnus

ou se trouvent en pays étranger, l'action est intentée devant le tribunal du dernier domicile ou de la dernière résidence connus.

La procédure, les voies de recours et les frais de l'instance, ainsi que les effets de la décision définitive sont réglés suivant les formes prévues par les articles 2 à 12 inclus de la loi du 18 juin 1917, exception faite de l'alinéa 2 de l'article 11 de ladite loi; toutefois, le juge commis, s'il y a lieu, par le tribunal aux fins d'enquête, doit, à peine de nullité de l'acte et de la procédure ultérieure, se conformer aux articles 3, 9 et 10 de la loi du 8 décembre 1897.

Art. 11. — L'individu qui a perdu sa qualité de Français peut la recouvrer à tout âge par décret, pourvu qu'il réside en France et que, dans le cas de minorité, il soit dûment représenté ou autorisé dans les conditions déterminées à l'article 3, alinéa 2.

En cas de réintégration, il acquiert immédiatement tous les droits civils et politiques.

La qualité de Français peut être accordée à la femme et aux enfants majeurs, s'ils en font la demande. Les enfants mineurs, non mariés, du père ou de la mère survivant réintégré, deviennent Français, à moins qu'ils ne tombent sous le coup de la disposition de l'article 7, alinéa 4.

Les enfants naturels, non mariés, deviennent Français aux conditions fixées par l'article 7, alinéa 3, et sauf les dispositions de l'article 7, alinéa 4.

Art. 12. — Les individus qui acquièrent la qualité de Français dans les cas prévus par les articles 3 et 4, ou qui recouvrent dans le cas prévu par l'article 11, ne peuvent s'en prévaloir que pour les droits ouverts à leur profit depuis cette époque.

Art. 13. — L'article 8 du code civil, à partir des mots « sont Français » et les articles 9, 10, 12, 13, 17, 18, 19, 20 et 21, du même code, ainsi que la loi du 26 juin 1889, sont abrogés.

Les dispositions de l'article 7, alinéa 2, de la loi du 3 juillet 1917 sont abrogées en ce qui concerne les individus ayant servi dans les armées françaises ou alliées durant la période légale des hostilités.

Dispositions transitoires.

Art. 14. — a) *Toute Française qui aura épousé un étranger antérieurement à la mise en vigueur de la présente loi peut, si elle réside habituellement depuis deux ans au moins en territoire français, recouvrer la nationalité française par une déclaratjon faite devant le juge de paix de son domicile ou, à défaut, de sa résidence, dans l'année de la promulgation de la présente loi.*

Pendant la durée du mariage, cette faculté ne pourra être exercée qu'avec l'autorisation du mari et si le domicile conjugal est fixé sur le territoire national.

Toutefois, ces deux conditions ne seront pas exigées en cas d'absence, de disparition, d'incapacité légale du mari, en cas de séparation de corps ou si, les époux étant séparés de fait depuis un an, une instance en séparation de corps ou en divorce est déjà engagée.

Ces déclarations seront souscrites conformément aux dispositions de l'article 5 de la présente loi.

Leur enregistrement pourra être refusé pour cause d'indignité, conformément aux dispositions de l'article 3, alinéa 3.

Après l'expiration du délai susvisé, ou en l'absence des conditions précitées de domicile et de résidence, la femme ayant perdu la qualité de Française par suite de son mariage avec un étranger, ne peut être réintégrée que dans les termes de l'article 11 de la présente loi.

Les dispositions qui précèdent s'appliquent également aux Alsaciennes et Lorraines ayant épousé un ressortissant étranger avant le 11 novembre 1918 et qui, par suite de leur mariage, n'ont pas été réintégrées de plein droit dans la nationalité française, en vertu du paragraphe 1er de l'annexe à la section V, partie III, du traité de Versailles;

b) *La prise de service militaire à l'étranger, même antérieure à la promulgation de la présente loi, ne peut entraîner la déchéance de la qualité de Français, à moins que cette déchéance n'ait été constatée par une décision de justice passée en force de chose jugée;*

c) *Les étrangers naturalisés antérieurement à la pro-*

mulgation de la présente loi ne sont frappés de l'inéligibilité prévue à l'article 6 *qu'en ce qui concerne les assemblées législatives.*

Art. 15. — *La présente loi est applicable à l'Algérie, ainsi qu'aux colonies de la Guadeloupe, de la Martinique et de la Réunion.*

Continueront toutefois, en ce qui concerne les indigènes algériens, à recevoir leur application, même sur le territoire métropolitain, le sénatus-consulte du 14 *juillet* 1865 *et la loi du* 4 *février* 1919.

La présente loi, délibérée et adoptée par le Sénat et par la Chambre des députés, sera exécutée comme loi de l'Etat.

Fait à Rambouillet, le 10 *août* 1927.

GASTON DOUMERGUE.

Par le Président de la République:

Le garde des sceaux, ministre de la justice,

LOUIS BARTHOU.

Le ministre des affaires étrangères,

ARISTIDE BRIAND.

Le ministre des colonies,

LÉON PERRIER.

PARIS - S.G.I.É., 71, RUE DE RENNES - 1927

www.ingramcontent.com/pod-product-compliance
Ingram Content Group UK Ltd.
Pitfield, Milton Keynes, MK11 3LW, UK
UKHW021028260726
13994UKWH00005B/2021

9 782329 178998